Acknowledgements

To all the people who shared, gave away or recommended this book to those around them,

I'll be forever grateful

Tips for using this book

To use **word search** you basically have to find words hidden in the grid, once you find it cross it off the list so you know how many are left. You must consider that words will be arranged in diferrents directions, it could be vertically, horizontaly or diagonally (See the example below). We recommend you to mark the words using a pen, pencil or marker in the color of your choice.

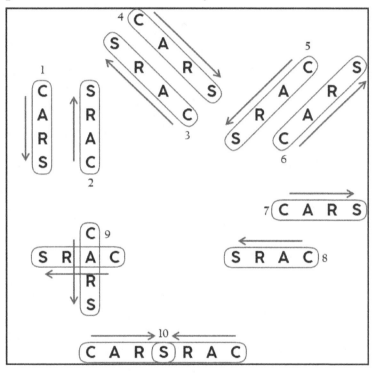

It's easy and will help you practice both languages, hope you enjoy it.

Disclaimer: This book is contains mostly words in American English, but you will also find vocabulary used in others English dialects (such as British, Australian, Canadian and others). The translation for the Spanish's words are based on the dictionary by the Real Academia Española.

Nº 1

AIRPORT

```
V U E L O T U R B U L E N T O
P W Y M C X F K H X Q X I R N
A V W B A I T D O J H C A F T
S T E I B J E X A O H O D A R
E H C I I K P T C F J P U A I
D G C A N A A M S E D I A I P
E I R Q B F S M V C O L N R U
A L E E A I O A L V T O A H L
B F W Z A T N N Y O W T B O A
O Y A S S O B A L H Y O T S C
R P F U R S A I R C R A F T I
D M C E X D P J P H O P T E O
O U A D A O R Q I Q N G B S N
U B M S C U W P B X Z S I S G
B Q B S S A P G N I D R A O B
```

AIR HOSTESS - AZAFATA

AIRCRAFT - AERONAVE

CABIN - CABINA

COPILOT - COPILOTO

CREW - TRIPULACIÓN

CUSTOMS - ADUANA

BOARDING PASS - PASE DE ABORDO

BUMPY FLIGHT - VUELO TURBULENTO

Andreanix

AIRPORT

Nº 2

```
B R V J Q G N I T C E N N O C
A A E S J C O N E X Y O S U L
N P R W X D V E S T X D A Y O
D M O R O S E C E V S A L U R
E E A R I T J L E P J R V E T
J A E L T V L P A B F O A S N
A L R A T A A O P Y L M P A O
D T O T D S F L R Q E E R C C
E R P B T A E O S T Y D R F E
C A U T D O G V L D N L E E D
O Y E R M J P E E I G O H I E
M J R F J R B X L F O D C R R
I S T R O P R I A L I S E B R
D N O I X E N O C S Y L C V O
A X Y S A D I V A V L A S J T
```

AIRPORT - AEROPUERTO

ARRIVALS - LLEGADA

BRIEFCASE - PORTAFOLIOS

CONTROL TOWER - TORRE DE CONTROL

CONNECTING - CONEXIÓN

DELAYED - DEMORADO

LIFE VEST - SALVA VIDAS

MEAL TRAY - BANDEJA DE COMIDA

Andreanix

Nº 3

AIRPORT

```
V U E L O D I R E C T O W A Y
E E X C G G A T S I P G D D O
G W W W N S A D I L A S V I L
A K F L I G H T N U M B E R E
G X E N H O R A R I O U U E U
G G A N D R E A N I X W D C V
A N S E L U D E H C S N O T E
B P I E J A Z I R R E T A F D
S U E D E P A R T U R E S L O
S B N P N W U K U Y S T H I R
E T T I E A F E B N V E G G E
C N O X H A L D R V W T X H M
X U E L Y O B W V T T A H T U
E M B O X Q J Z H R A G Y D N
E J A P I U Q E O S E C X E E
```

DEPARTURES - SALIDAS

DIRECT FLIGHT - VUELO DIRECTO

SEAT - ASIENTO

FLIGHT NUMBER - NÚMERO DE VUELO

EXCESS BAGGAGE - EXCESO EQUIPAJE

GATE - PUERTA

LANDING - ATERRIZAJE

ON SCHEDULE - EN HORARIO

RUNWAY - PISTA

AIRPORT

N° 4

```
E B A L T A V O C E S B F V T
G L R A D X U X T I V N L A N
N A X T Y O E W O K F A I T O
U Y S A W L L H B T M R G O N
O O R F G O O M O S A E H N S
L V E A E T D I A X L P T R T
E E K Z G I I K R R E S A E O
R R A A O R R G D S T E T P P
U H E A T R E Z A V A E T E F
T O P P M A C C R M R D E D L
R T S I M C T R P M F A N L I
A E D M Q I O T Y U S L D E G
P L U J U N P C B Q W A A T H
E W O S Y E L L O R T S N O T
D W L X R A D R O B A N T H V
```

DEPARTURE LOUNGE - SALA DE ESPERA

NON STOP FLIGHT - VUELO DIRECTO

FLIGHT ATTENDANT - AZAFATA

LAYOVER HOTEL - HOTEL DE PERNOTA

LOUDSPEAKERS - ALTAVOCES

TROLLEY - CARRITO

TO BOARD - ABORDAR

SUITCASE - MALETA

Andreanix

AIRPORT

N° 5

BAGGAGE - EQUIPAJE

ONE WAY TRIP - VIAJE DE IDA

OVERWEIGHT - SOBRE PESO

PILOT - PILOTO

PLANE - AVIÓN

TAKE OFF - DESPEGUE

TO LAND - ATERRIZAR

AUTO PARTS

Nº 6

```
O S Q L Y V K R O W Y D O B Z
R A N F M L A Ñ E U G I C E R
E R C J R C G Z T L S Y K J O
S N W C K E G D N C R A Ñ T D
A E R T E P N J E B R W N D A
R M O H K L H O V B B O B X R
T B R J C Z E W R O I W S T E
O R X T T T Z R I C U G K A L
T A W L O X U M A Q O M F E E
N G Ñ O R E U L E T O H J S C
E U N Q N D I W C T O F P K A
I E H I U T P N O S W R L C C
S P G C N A I R E C O R R A C
A N L E A N D R E A N I X B C
E G V A C R A N K S H A F T U
```

ACCELERATOR - ACELERADOR

AIR VENT - VENTILACIÓN

BACK SEAT - ASIENTO TRASERO

BODY WORK - CARROCERÍA

BRAKE - FRENO

CLUTCH - EMBRAGUE

CRANKSHAFT - CIGÜEÑAL

ENGINE - MOTOR

Nº 7

AUTO PARTS

```
S S T R A P E U E T M B Y S P
F M C U J T A N I C O B E A E
A B A N D R E A N I X T L J O
R A L T E Q R R E M R A J R I
O T E S U J Y U I A N R E K G
T H F F Q S A R P C M T S E N
R G A C N Y R Q A N N I A I I
A I C G A O U D I A G R F T T
S L C G R A E X L Q S Y H W I
E R I W R C J E F H O R N B O
R A O V A Y D B I E E Y N P N
O E N M J O H F P T L E P G U
O R B N R O T N A J Z X V M E
R I B A R P E E O J E P S E W
O F F H P T H G I L D A E H R
```

GEAR SHIFT - PALANCA DE CAMBIO

PARTS - PARTES

HEAD LIGHT - FARO DELANTERO

HEATER - CALEFACCIÓN

HORN - BOCINA

IGNITION - ARRANQUE

MIRROR - ESPEJO

REAR LIGHT - FARO TRASERO

Andreanix

BODY

Nº 8

```
O R P S O I D O C C C C N D
Z B W K R D A Z E B A C X H
A O L J A B G B O W N O M U V
R D J E E P D I I G A H P E F
B Y X B G D A Q S Y Y F C R Q
A N R E I P E F J G O U P P U
V A I Z S J H W X O O M I O O
Q R V D S R T B T O V E E I P
T M N F O A N D R E A N I X H
Y A S O N A M V O S K W H B U
H V E A D L A P S E K T S L H
S I E E N R S L B F U C Z Y Y
P A N A C O B I O O N M A L E
P L K D R O H M M K S L H B X
V Y R O D I L L A E R A H H M
```

ARM - BRAZO

BACK - ESPALDA

EAR - OIDO

FOOT - PIE

HAND - MANO

HEAD - CABEZA

LEG - PIERNA

BODY - CUERPO

MOUTH - BOCA

KNEE - RODILLA

BODY

```
S K W S S U S R A T A T E M K
P S K B G E N O B H G I H T N
R X N A J J M U S L O G E P E
R Y E L K N X S P I G H W H L
U Z E L Q G E K H F X P S A S
M O C I Y G N G P O Z U A L N
E O A N N Y I T S H I N H A R
F S P A M H M R P O U W T N S
I R L C T P A E A O D I M G S
D A I B I T R V V L J H N E U
F T L R A O T L B X U K F S S
L Y S T N F G I H A H T H V R
Z W E E K D B H K B H U O I A
W M S H I N B O N E U F W R T
H M R C E N O B T N I L P S E
```

KNEECAP - RÓTULA

METATARSUS - METATARSO

PHALANGES - FALANGES

SHIN - CANILLA

SHINBONE - TIBIA

SPLINT BONE - PERONÉ

TARSUS - TARSO

THIGH - MUSLO

THIGHBONE - FÉMUR

BODY

Nº 10

```
H K P F Ñ K W F H O D J H M
U E R J H I M I B D M G E U G
M O O Z L V N H E A C L F O S
E S Ñ T U G J D N K B I R Y P
M U T U E V L O C O S E R N Z
A D C R P E V O W T M R Z E B
L V N N D O F Q W U W P Ñ K X
M N P A U C Ñ A H D B Q J P O
H I M O H C D K O D E D N H D
E E O Z Z M S U R E M U H E O
Y N F O R E A R M Q H S W R C
R P A E Y O Z A R B E T N A G
C E P I T R E G N I F P A T K
W N U K L Y A Ñ U K Q X K D K
M T P E I P L E D O D E D B G
```

TOE - DEDO DEL PIE

ELBOW - CODO

FINGER - DEDO

FINGERTIP - YEMA DEL DEDO

FIST - PUÑO

FOREARM - ANTEBRAZO

HAND - MANO

HUMERUS - HÚMERO

NAIL - UÑA

Andreanix

Nº 11

BODY

```
Z I R O N A M E D A M L A P D
B Q S D X A L A H P K R O N J
R E R E D L U O H S I B U L L
E C A P W Ñ I T C N J D M R I
G I R A D I U S G O I L I E S
N D I V X Z T F I L A N D G I
I N L U X A I D L P G O D N K
F I G H D N E O Q D E R L I C
E D H U G M R E W H N B E F W
L X H E O A F T U V R M F X A
T R R D D B P I Ñ Q S O I E P
T X E I N F R L A X I H N D F
I D O A N U L A R V C Ñ G N R
L Q M R E G N A L A F E E I Z
H O M H E L K C U N K I R M Q
```

INDEX FINGER - ÍNDICE

KNUCKLE - NUDILLO

LITTLE FINGER - MEÑIQUE

MIDDLE FINGER - DEDO MEDIO

PALM - PALMA DE MANO

PHALAX - FALANGE

RING FINGER - ANULAR

RADIUS - RADIO

SHOULDER - HOMBRO

Andreanix

Nº 12

BODY

```
D H U F U D K F R S W M S P X
Q I L D U L N A T K Z H V I I
B N M W I V Q I Z D R A E B Z
R Z Q A T M A O R B E R E C F
A R Y M P I P U A C E Ñ U M M
I C P Z H Q S L S D Y G D Q E
N X O T C H E S E U N I H C N
A E N L R U P O G K D C O U T
L R A F M O B J L B E K Q C O
L A B S M I D I P E M E I F N
I G R Y G W L S T M U U H R Y
J L A O B N C L K O Q Y H C W
E U B Z N Q B U O E F U O T L
M P W R I S T K X T X Y O H S
U H T H T O O T E N I N A C K
```

THUMB - PULGAR

ULNA - CÚBITO

DIMPLE - HOYUELO

WRIST - MUÑECA

BEARD - BARBA

BRAIN - CEREBRO

CANINE TOOTH - COLMILLO

CHEEK - MEJILLA

CHIN - MENTÓN

Andreanix

Nº 13

BODY

```
U J C N U Z P G T K O E L H T
S O J O B A Ñ A T S E P C O F
O O X Z V C C O X X E B R W E
V W P Y Ñ D L J D C J E I E Y
K J A M O L C A A M J R Y M E
E C U M E H E H S A V E M F B
Y G N B I H G N R O L D R A R
E G A X E W R H C I Y E I F O
X C O R A J S M D I N F E E W
W Z O S N A R P D T A N M R A
N F N T L U A Ñ E H A V G A Ñ
E Y C E H A K M E L C E R F K
H J Y S W B P A R P A D O L X
M E I V X Y A J E C X R A E V
I A G O K H R I A H T W N I M
```

EAR - OREJA

EYE - OJO

EYEBROW - CEJA

EYELASH - PESTAÑA

EYELID - PÁRPADO

FOREHEAD - FRENTE

FRECLE - PECA

GUM - ENCIA

HAIR - CABELLO

Andreanix

BODY

Nº 14

```
I E T A L A P L R A D A L A P
N G A C O B S E I L D B A L N
A T K Z E R O N O L I Z Y A I
T V Z S A S Q W C G N I D B T
S W O L L F E O O E C R P I T
E N O O D R U T C O I A O O P
R M J C L W E K Q Y S N L S S
A G E I L R I H T U O M L A E
L M P H W T C R Z O R J E X R
O O V H D D Q W J M S D U T A
M F Z S R A L O M E R P C E L
E C A S B S B B U O A O L L O
R O P Q V Q E H C A T S U O M
P I R O I R E F N I O I B A L
L K P H T S O V I S I C N I M
```

INCISORS - INCISIVOS

LIPS - LABIOS

LOWER LIP - LABIO INFERIOR

MOLARS - MOLARES

MOUSTACHE - BIGOTE

MOUTH - BOCA

NECK - CUELLO

NOSE - NARIZ

PALATE - PALADAR

PREMOLARS - PREMOLARES

Andreanix

Nº 15

BODY

```
V A W C S K U V R K P V K P B
T A E Y M M H L A R M P I T E
E L L Z L K F N O H T O O T E
E I I K A D L A P S E N Q C E
L P S A T N A G R A G H E Y A
G U O A X A L U V U H H N E R
H P T R I I L S E T N E I D Z
R N F E Z E L L K B P I X U G
Y X A H E V R A I K I Q Z I S
I R J A O T K T O N C J W P K
V M T A O R H T N S A A U V I
X A M I G D A L A E V P B M X
S L T D Y L L E B E I D M H A
T A U G N E L Q Z L Q V G A X
F A C K K M E O Z R G R A G C
```

PUPIL - PUPILA

TONGUE - LENGUA

TOSIL - AMÍGDALA

TOOTH - DIENTE

TEETH - DIENTES

THROAT - GARGANTA

UVULA - CAMPANILLA

ARMPIT - AXILA

BACK - ESPALDA

BELLY - VIENTRE

Andreanix

BODY

Nº 16

```
Y X R C E B Z G V N S X E H F
J B M Z C O H O D A G I H I P
A J L Y Y K N O M L U P T E S
Y A W A J H X V G N F W C Ñ N
M E X Y D O U T R A E H O T V
O F N H M D U I Ñ I O Q P L B
Ñ B B D B N E T F T G S N R X
S L H G I C M R S E A O E N I
U A N O E K R E R G Ñ A O R B
D U R Z Q I H Z L I S Z E S E
L G S O H C E P R T A V M L J
U M S S I W J B S R I T G V N
I O X R E V I L O L H N O E A
E N A R E D A C A G I J E V P
O P E C M P G J U I O V D I K
```

BLADDER - VEJIGA

BREASTS - PECHOS

CHEST - PECHO

GROIN - INGLE

HEART - CORAZÓN

HIP - CADERA

KIDNEY - RIÑÓN

LIVER - HIGADO

LUNG - PULMÓN

Andreanix

BODY

LOINS - ZONA LUMBAR

NAVEL - OMBLIGO

NIPPLE - PEZÓN

SPLEEN - BAZO

STOMACH - ESTÓMAGO

THORAX - TÓRAX

WAIST - CINTURA

BREAST BONE - ESTERNÓN

CLAVICLE - CLAVÍCULA

Nº 18

BODY

```
K A Z F H E L B I D N A M K H
N H E H O O T A L P O M O R U
E S V Y U Y W C W M U H A U M
E U C H E M R N K N P D R M F
G I O U J S E K C M I I M E S
V D S M P C O R O O B X G F A
B A T D O A I C U F R A L M L
O R I S Y Z C O K S F L P M U
E U L M A L C E L E R U D R B
N M L F W A X M E I T P O W I
A E A A L X S Y E N I A R V D
R F F U M G N O W L K C E N N
C M T A K W B L L U K S M O A
B O O J O L E D A C N E U C M
R Y H V Q A V P Q D A R H O S
```

EYE SOCKET - CUENCA DEL OJO

FEMUR - FÉMUR

HUMERUS - HÚMERO

KNEECAP - RÓTULA

MANDIBLE - MANDIBULA

RADIUS - RADIO

RIB - COSTILLA

SCAPULA - OMOPLATO

SKULL - CRANEO

Andreanix

Nº 19

BODY

```
B U T T L Z T H L X S R K N A
S F R D G H K C O T T U B F K
V S L R P N A T E U C N J F T
A B E A W H T L E E H G E L Z
V E K I C C J M E F E E C K A
V N F Y P Q P G D A T E L L V
J I T O L L I B O T Y G L W I
N E N E E H A I A O L I L W P
T P T O O M W L O V R V A R E
B M Y P I A O O J R Z Y L W T
L E Z N G N E X O O R H L Z S
A Y Z L I P P T T L Y X D T N
F E A I D S N K V T T A H I I
A N P O P A H X T E L K N A J
P V Y R P K R M G M W N R M I
```

ANKLE - TOBILLO

BUTTOCK - NALGA

CALF - PANTORILLA

FEET - PIES

HEEL - TALÓN

INSTEP - EMPEINE

BUILDING

Nº 20

BUILDING - CONSTRUCCIÓN

BRICK MASON - ALBAÑIL

EXTENSION - AMPLIACIÓN

BALCONY - BALCÓN

TILES - BALDOSAS

LADDER - ESCALERA

FENCE - VALLA

Nº 21

BUILDING

```
A L L I T E R R A C B C E R U
A P Z R O H U V P G X B X D B
S O L L I R D A L I J D C P W
O E L U T I O X N E P J A J O
R X A C R I T A O G A S V X R
B G W P A R E D K N F H A O R
M L F G T R C F X I U W T E A
O B N D D K H E P L S C I K B
C C X N K Q O Z S I Z H O S L
S P A C S G M Q J E W X N B E
E Q I F K E Y L S C L E P Q E
K R N Y D G D A U M I B N D H
B E X C A V A C I O N G B Z W
L B X B J A O E B T N T Q U B
F A C H A D A N T N O R F U R
```

WHEELBARROW - CARRETILLA

FRONT - FACHADA

WALL - PARED

CEILING - TECHO

RUBBLE - ESCOMBROS

BRICK - LADRILLOS

EXCAVATION - EXCAVACIÓN

Nº 22

CITY

```
S G O T R E U P O R E A X C P
G G B D E G S Q E G D I R B A
E C I F F O T S O P G G J U C
R A Z U R C E D J Z O Q E S O
S X G C S T I K J U P T Z S M
X B R A S A P U A D A T K T I
G R E T N E U P D L S G A A S
A N D R E A N I X A T B N T A
Q R L K A N H F X G D O N I R
D A C J U P T T S O B L M O I
N O I T A T S E C I L O P N A
E Z O F I C I N A P O S T A L
R Y O M S S O R C A O G W D X
E S T A C I O N D E B U S E S
T D T K H B N T R O P R I A I
```

BRIDGE - PUENTE

BUS STATION - ESTACIÓN DE BUSES

AIRPORT - AEROPUERTO

GO ACROSS - CRUZAR

GO PAST - PASAR

LAKE - LAGO

POLICE STATION - COMISARIA

POST OFFICE - OFICINA POSTAL

Andreanix

Nº 23

CITY

```
P N U D R U G S T O R E O C I
H Y C A M R A H P K D Y T H N
R S O N Z Q E I N K A R A E A
J J F D K D Q Y T Z A R R T O
A P F R N U H P V I W T A A D
I D E E A T C B N A E G I Y A
C B E A B E N S R D A C R P V
A O S N A L T E N S A H E A A
M C H N W A S O S M S W T R L
R N O X T T I T R A W Z E B O
A A P I O C A A W A V N R W T
F B O R A T F R C S A O R C U
S N E T I Z A P O B Z O E T A
X S S O Z C A I R E T E F A C
Y E N T G A S O L I N E R A X
```

COFFEE SHOP - CAFETERÍA

HARWARE STORE - FERRETERIA

TRAIN STATION - ESTACIÓN DE TREN

PHARMACY - FARMACIA

CARWASH - AUTO LAVADO

GAS STATION - GASOLINERA

BANK - BANCO

DRUGSTORE - FARMACIA

CLASSROOM

Nº 24

```
R D T U Y F J N O R R A Z I P
L E P I Z A R R A O A Z Z V K
I F N F W H C P D Z I P A L F
B K L E B I W A A U Y S C W B
R N D C P D C Q L O I S Q O S
O W J R L R R E U S K A S R M
D T M M A A A A A L A L A K T
E R M M R O S H O O B C L B T
T K U E P A B S S B A G G O N
A F M L M E I E R L K X E O D
R H W H E C N Z T O I C R K Q
E D W A S R K C C I O C A U I
A I E S A L C M I L H M N L K
S B O A R D P E N L X W E E B
W K S A T N U P A C A S O K P
```

BOARD PEN - MARCADOR

BLACKBOARD - PIZARRÓN

BAG - BOLSO

CLASSROOM - AULA

CLASS - CLASE

WORKBOOK - LIBRO DE TAREAS

WHITEBOARD - PIZARRA

RULER - REGLA

PENCIL - LÁPIZ

PENCIL SHARPENER - SACAPUNTAS

Andreanix

Nº 25

CLASSROOM

```
D A O P C U A Y E C L Y D P V
H R N N E R K R F A J T S A G
I K O O R R A B X R K E L P V
G C P D T E F J V P G L E E S
H O D J A E D O B E H O P Q A
L B A E O T P A R T G F A B T
I K T K S L L A U A F M P Z O
G O D O O K X A D C D X J H N
H O D I D Q L R S V F O M K E
T B D B O I E M D E W R R B D
E E B X B D K S O Q R E B A C
R T O R L K E S C N P J W S O
P O O O F R K B R E P A P S L
E N F J H C N U P E L O H L B
N B O O K O I R O T I R C S E
```

PAPER - PAPEL

NOTEPAD - BLOC DE NOTAS

NOTEBOOK - CUADERNO

HOLE PUNCH - PERFORADORA

HIGHLIGHTER PEN - RESALTADOR

FOLDER - CARPETA

DESK - ESCRITORIO

BOOK - LIBRO

N° 26

CLASSROOM

```
A B P O R T A F O L I O S L T
C R K C J D E K G S A B K N N
W R O V H A X S I L L D E P I
O A A D D A Z W T I L D T L B
F X L Y A Y L F D D U F B R A
M P L L O T K Z A T M H I I R
B S I T I N U O S J Q E R V E
O B A Z N S E P M C F V T H C
N S A N A D B M M C M V R J E
M W M C I R B O A O P E R O D
U D E M M F R S G X C K I Y Z
L T W A Y X E A K Q E H A O I
A D X J K E H M Q K L A H C P
D E E O W R E T U P M O C B A
U W B D R A O B K L A H C J L
```

CRAYON - LÁPIZ DE CERA

BRIEFCASE - PORTAFOLIOS

CHAIR - SILLA

CHALK - TIZA

CHALKBOARD - PIZARRA

TEST - EXAMEN

STUDENT - ALUMNO

COMPUTER - COMPUTADORA

Andreanix

Nº 27

CLASSROOM

R	C	R	E	S	A	R	E	T	F	A	L	G	E	R
P	B	O	R	R	A	D	O	R	O	J	N	L	E	A
I	P	E	O	Y	M	U	K	E	U	Q	U	F	D	D
E	R	T	I	P	U	P	R	W	C	R	L	X	K	C
W	S	G	D	E	S	K	P	L	B	S	X	K	O	U
E	E	T	Z	W	O	R	X	I	C	V	I	U	O	A
K	M	E	L	M	G	V	B	C	X	K	N	E	B	D
O	R	B	I	L	M	M	Y	N	W	V	A	F	E	E
O	H	E	W	O	K	E	E	E	B	Y	E	D	T	R
B	D	P	J	Q	R	L	A	P	I	Z	R	F	O	N
K	K	B	M	X	W	C	S	Q	X	W	D	Y	N	O
C	A	L	I	H	C	O	M	H	W	Z	N	Y	U	B
G	V	J	Z	D	D	E	Y	Q	R	Y	A	G	V	M
X	U	T	D	R	A	O	B	K	C	A	L	B	E	T
G	E	U	K	L	L	P	I	Z	A	R	R	O	N	K

PENCIL - LÁPIZ

NOTEBOOK - CUADERNO

ERASER - BORRADOR

BOOK - LIBRO

RULE - REGLA

BLACKBOARD - PIZARRÓN

DESK - PUPITRE

BAG - MOCHILA

Andreanix

CLIMATES

Nº 28

```
H J N M C L N E M Y V P V P M
B C L I M A S L Q D E P H H Y
C H L X U D M J V E N H R G C
C Q U O S S T L Z T O M A O
L I V Y E N V A L D O L Q Y D
O Z I Q T U O N Y V S Y H X A
U S O K A R X W T O O B G M E
D N S M M R V I Y I U J W W L
Y B O B I F U F N L Y P D S O
R W R Q L U E F E A Y N T M S
D A Y B C Z D X K B E C N B L
P O I A L D N G Y X A R K U J
T I H N P B N E V A D O D W S
W I N D Y R J V I U R U Q N M
E C S F D E O D A L B U N J A
```

CLIMATES - CLIMAS

CLOUDY - NUBLADO

WINDY - VENTOSO

SUNNY - SOLEADO

SNOWY - NEVADO

RAINY - LLUVIOSO

CLOTHES

```
S S E R D O D I T S E V S I S
A R E Y A L P N T X A X R E C
S T N A P E T R I H S T O E W
S I B Z A P A T O S P H S P R
E Z O N S Z K G B U S I N M M
N B F Z E G S O R E U Q A V P
O Z A P A T D C U L Q U E C Y
L S U A N D R E A N I X J C B
A E U W F Y R R G Z T N J L A
T J G E C E J A T E U Q A H C
N W N Q T A H G R Q R Y H F F
A C Q A C E M U I Z F O P S A
P Y E K N U R I H E J Q R D D
D W E X V D J E S T R I K S L
S T F K B P A Z E A A B N M A
```

DRESS - VESTIDO

JACKET - CHAQUETA

JEANS - VAQUEROS

PANTS - PANTALONES

SHIRT - CAMISA

SHOES - ZAPATOS

SKIRT - FALDA

T-SHIRT - PLAYERA

SWEATER - SUETER

Nº 30

COLORS

```
R E D O B E Q A A X B S A K B
Z P O H L E P I N K I S H P B
Z B C G A S V Z B L A N C O Q
N V U G C G E G K X A R K A K
S R P I K L R D I J M O Q M B
W F J A O D D E N A O O P A L
H M R Z S X E A E O R R R R U
I L J U J I R H D N A A E I E
T D G L G A U A S E D N J L P
E R D Q N U S N R O O G G L U
O H O V K O E N R R R E O O R
C U O X R S K G N P D S G S P
P P B A Y R E R Y E L L O W L
O P D A E N S C Z L D N F X E
S R O J O T P Z C Z F O V R T
```

YELLOW - AMARILLO

RED - ROJO

BLACK - NEGRO

BLUE - AZUL

WHITE - BLANCO

ORANGE - NARANJA

PURPLE - MORADO

GREEN - VERDE

PINKISH - ROSADO

Andreanix

COLORS

```
Y A B G O K F O W T H B O I P
X G T I E M D U A K C R R U C
F E N W R A C H C G D O E G A
U A F C R R A B L S V W D A G
C W X O T R I G I S I N W Q F
H P D N H O B O L I N A I Z C
S N P W V N J L A L O D N R A
I Q X L I A A D C V T U E P I
A F B C A L P E J E I F P M F
Y N D D I T M N H R N E Y Z J
Z W G L M U E I U M T Q Z F Q
O A R A J Y U A Y M O X W X Z
E O I L H T K A D Q W A V J A
T S S I X J R L O O Z F B X V
J W B V J G Z J Z G R R A G Z
```

GRAY - GRIS

BROWN - MARRÓN

RED WINE - VINOTINTO

FUCHSIA - FUCSIA

LILAC - LILA

SILVER - PLATEADO

GOLDEN - DORADO

DAYS

N° 32

```
T H U R S D A Y S E V E U J U
L O D M P S U N D A Y H I L L
P Y D O E Y I X O G N I M O D
W P D N Y A D R U T A S G D S
M V U D U D C Z I O D A B A S
S L X A T V W N O Z L X R B O
J J O Y Y U Y U I H G R L P Z
V M O M A A N D R E A N I X G
Y S U O D R Z P Y A D S E U T
A E O J S A K T S H O E Z S V
D N M I E R C O L E S T G K U
I R D Y N H O V E M H R C I R
R E W B D U U N Z Y H A W G Y
F I I J E K O E V A P M K C Y
O V X A W T J E Z C N K M Z S
```

MONDAY - LUNES

TUESDAY - MARTES

WEDNESDAY - MIÉRCOLES

THURSDAY - JUEVES

FRIDAY - VIERNES

SATURDAY - SÁBADO

SUNDAY - DOMINGO

DESCRIBING PEOPLE

Nº 33

```
I H L A C O S O M R E H L U A
K E T B U P R E T T Y R G F Z
N V Q B E Z N A Z U Y D O Y O
R I E E C K N E Z P E L U R V
R T P A T N X U H M D B Q W I
Y C Y R E O C Z O H R R C O T
L A G D Q O X S B O V O W A C
G R N S D Q D Z N U E F R G A
U T M I I N A C M F B H U R R
H T L E A X E F D Y J A R E T
U A O H X A O W B J P W L O A
P A B G D T G J G O S A Z A I
E K Y O U Z R Z E D P T T Y M
J K T C B E A U T I F U L Y Y
X R G U A T I N O B V Q O Y V
```

ATTRACTIVE - ATRACTIVO

BEAUTIFUL - HERMOSO

HANDSOME - GUAPO

OLD - VIEJO

PALE - PALIDO

UGLY - FEO

PRETTY - BONITA

TANNED - BRONCEADO

DESCRIBING PEOPLE

Nº 34

UNATTRACTIVE - POCO ATRACTIVO

YOUNG - JOVEN

BABY FACED - CARA DE BEBE

FRESH FACED - CARA FRESCA

PASTY FACED - CARA PALIDA

ROUND FACED - CARA REDONDA

STONE FACED - CARA DE PIEDRA

THIN FACED - CARA DELGADA

SHORT - BAJO

Nº 35
DESCRIBING PEOPLE

MEDIUM HEIGHT - ESTATURA MEDIA

TALL - ALTO

TINY - PEQUEÑO

MUSCULAR - MUSCULOSO

OBESE - OBESO

OVERWEIGHT - EXCEDIDO DE PESO

SLIM - DELGADO

SHORT HAIR - CABELLO CORTO

LONG HAIR - CABELLO LARGO

Andreanix

DESCRIBING PEOPLE

N° 36

```
O M O L E S R I A H Y L R U C
D E C H T L I U B L L E W F H
I R A A N G O J R A N U L K P
N I B I A E D J H P Q A M B O
R A E R G R A S Y R C L C W I
O H L O E K Z U R O D A T A C
F T L N L C I R B G R Y N Y A
R H O J E K R I K L A I A Y L
E G O L X Y O A Y W E U G A O
D I S E I Y L H M N B C E C L
N A C B Y E L K V C N X L F L
E R U A N W E R H L R I E Z E
L T R C Q H B A L Y L U K K B
S S O F S N A D V B E A H S A
W A B R A B C O T L E B S E C
```

SKINNY - FLACO

SLENDER - ESBELTO

WELL BUILT - FORNIDO

ELEGANT - ELEGANTE

STRAIGHT HAIR - CABELLO LACIO

BEARD - BARBA

MOLE - LUNAR

CURLY HAIR - CABELLO RIZADO

DARK HAIR - CABELLO OSCURO

Andreanix

Nº 37
DESCRIBING PEOPLE

```
C A B B A K A L L O H L J D S
O L O R A L C O L L E B A C W
I E L K N I R W R D C O A B B
B Z I R T A C I C G J R B O Q
U O J S Z C A L V O W L A R X
R P D A E H D E R R A E H G V
O Z O B D T G R I C Z R G E X
L B R N I V I A K B F M R N R
L T O K U L H H N K G R G O E
E L K S E T A R Y J U T T L U
B I V P H I I R H G H R B L X
A I G G R D R R A I R O C E U
C R I H E T F N D L A B E B J
W L Q R F T A M N J C Q V A I
E L K C E R F E B A C P E C A
```

LIGHT HAIR - CABELLO CLARO

SCAR - CICATRIZ

WRINKLE - VERRUGA

BLACK HAIR - CABELLO NEGRO

REDHEAD - PELIRROJO

BLOND HAIR - CABELLO RUBIO

BALD - CALVO

FRECKLE - PECA

FAMILY KINSHIP

Nº 38

```
W T E C N A T N I A U Q C A T
S E T N E I D N E C S E D N W
S G I O N A F R E U H D N V I
L R Q O D E T P O D A I A P H
M N O D I C O N O C V X H S O
N O I T A R E N E G M H P O D
T H G X S E V I T A L E R D A
G W Z M O E Z B E U C A O A T
E W I D E S C E N D A N T S P
M X G N G F G N Q J V W I A O
E C O H S Q G X A V D M N P D
X I N O I C A R E N E G K E A
T E F P A R I E N T E G W T W
W R I G E M E L O S U R L N T
A C Q H V I F L P Q C A J A W
```

DESCENDANTS - DESCENDIENTES

ANCESTORS - ANTEPASADOS

ACQUAINTANCE - CONOCIDO

GENERATION - GENERACIÓN

RELATIVE - PARIENTE

ORPHAN - HUÉRFANO

ADOPTED - ADOPTADO

TWINS - GEMELOS

FAMILY KINSHIP

YOUNGEST - LA MENOR

YOUNGEST - EL MENOR

OLDEST - LA MAYOR

OLDEST - EL MAYOR

FIRSTBORN - PRIMOGÉNITO

WIFE - ESPOSA

UNCLE - TÍO

STEPSON - HIJASTRO

SON - HIJO

FAMILY KINSHIP

Nº 40

```
P J Ñ L F S B L Z N O W M L S
S A N H Y A R T S A R D A M I
R O D W I E U S O B R I N A S
A E A R U J R A E N B N Z E T
Y H H L A J A N D R J O Ñ R E
N V R T A S F S O A D X A E R
M O V E O U T R T O Ñ A U H I
G N H N T M D R M R T U P T N
W I K O K S P T O A A J C A L
E R E V M N I E C E O Z Z F A
H B O U C V N S T L V T W P W
P O W A L N I N O S A D J E U
E S T E P D A U G H T E R T T
N H Y P M N A N A M R E H S N
P R W B E W S I S T N E R A P
```

STEPFATHER - PADRASTRO

STEPMOTHER - MADRASTRA

STEPDAUGHTER - HIJASTRA

SON IN LAW - YERNO

SISTER IN LAW - CUÑADA

SISTER - HERMANA

PARENTS - PADRES

NIECE - SOBRINA

NEPHEW - SOBRINO

Andreanix

FAMILY KINSHIP

N° 41

```
A G R A N D P A R E N T S S N
B K R E R D A M U R L J U I F
U V T A X B A L E U B A E P O
P T D M N A B U E L I T A N M
Z G N E R D P A Z J O Z R W C
G R A W V T S S M K O E X A I
A W B A B V O O G H H Q S L X
P G S F J L X C N T U O V N Z
D O U T E S A S O V T F A I E
N O H U Z R Q M M I J M M R S
A P B F G L D L L S D O I E P
R A J E Z N P E M N T E X H O
G R U E A B U T A H P S O T S
J S L R U B L R E R Q U K O O
Y I G Y A F G R N N A R G M A
```

MOTHER IN LAW - SUEGRA

MOTHER - MADRE

HUSBAND - ESPOSO

GRANDSON - NIETO

GRANDPARENTS - ABUELOS

GRANDPA - ABUELITO

GRANDMOTHER - ABUELA

GRANDMA - ABUELITA

FAMILY KINSHIP

N° 42

```
B S L A W Z M E R D A P O I R
R O G E S H A N I R D A M N R
E T L Q Z K O N I R D A P P E
T E H E I S N O V V C P G D H
H I G B U V A N P R S O N U T
G N O S G B M B E C D E K N A
U T D O R H A H K M I K V J F
A E F C J T T F O R G E U S D
D X A U N A S T F V A Y P R N
D E T B F R H L T U G T L G A
N E H A X E R Z Q M G K E I R
A Z E E R I F A W S T A F I G
R G R Q G V L F Q S A I V O N
G T N E R D L I H C D N A R G
V F A T H E R I N L A W K Q Z
```

GRANDFATHER - ABUELO

GRANDDAUGHTER - NIETA

GRANDCHILDREN - NIETOS

GODMOTHER - MADRINA

GODFATHER - PADRINO

GIRLFRIEND - NOVIA

FATHER IN LAW - SUEGRO

FATHER - PADRE

FAMILY KINSHIP

Nº 43

```
W N T E T P B F F D V W A O W
A L D V W C Y G Ñ Q C K W H O
L S A V X Z R E T H G U A D W
C T U P Q V X P O C F B O S A
K Y G R Ñ Q A R O F I N A B L
C D H I X P B U O Z A T R H N
I N T M I Q S D L M V O X B I
Z E E O D I A A R P T I A N R
V I R X N Ñ L E Y H O J S I E
J R I X U H H D E C I I O S H
C F N C L Q D R B H V F S U T
S Y L F U A T U W Y O A F O O
L O A B D R Ñ C A R N H B C R
S B W U E W T N U A R E U N B
C O U S E H A A M I R P V H S
```

DAUGHTER IN LAW - NUERA

DAUGHTER - HIJA

DADDY - PAPÍ

BROTHER IN LAW - CUÑADO

BROTHER - HERMANO

BOYFRIEND - NOVIO

AUNT - TÍA

COUSIN - PRIMA

COUSIN - PRIMO

FOOD

Nº 44

```
I F S U P E R M E R C A D O N
M E O H P H L Z O R R A N E T
S E P O B E C I R Q O L K D L
U O M A D I M O C W H C T W C
P O M E D F E W I T I L N A O
E E N R A C Z G C H H Y F X F
R F S X F T I P C E F E K M F
M E S E E H C O S E U Q A N E
A N S M S Q N L X K L Q O F E
R X G V W F F L D B H E D L W
K R G H U E V O S C H C A L H
E Q E D R O E N S S N H C C X
T I G G G O M H U V T K S A L
E C I U J Z L L V L T Q E I S
X N J A N D R E A N I X P N F
```

FOOD - COMIDA

CHEESE - QUESO

CHICKEN - POLLO

EGGS - HUEVOS

FISH - PESCADO

RICE - ARROZ

SUPERMARKET - SUPERMERCADO

MEAT - CARNE

JUICE - JUGO

COFFEE - CAFÉ

Andreanix

Nº 45

FOOD

```
Y B A D G J E T L L X O U K M
A P E P P E R K A I N X Z N Y
G J C U C U M B E R D S T Y C
U A D O S E L B A T E G E V M
J L B U N I J U K O O C H N T
X L R M X I C C Z Y B A K T F
I O B S R P O C Q G I P O Q S
N B L Q J C Y N G R H R E R O
A E C E I L L O O B R D R N T
E C N N T R H A A K K I L N
R N A B N A A C C H P Y M E
D R Y Z M N M M H R E Y I S I
N X G O A J Q O M P H N Z J M
A S T Z X X F X T F E O J J I
X M T J S E L A T E G E V F P
```

PEPPER - PIMIENTOS

CUCUMBER - PEPINO

TOMATO - TOMATE

ONION - CEBOLLA

CARROT - ZANAHORIA

VEGETABLES - VEGETALES

COOK - COCINAR

FOOD

Nº 46

```
X C A C E R O L A J M A D N S
E F T H U D O Q R E Z D T O P
L Y D N D H U U S A T E C E R
P V B A Z J O X F R I D A Ñ A
P H W N Z P U T K H D C M K G
A V R E C I P E W C D B O M Z
M A R E P P N L Ñ S L W E A Z
K U X A N D R E A N I X F N B
C P E A R X T J R F U R I Z P
T V N V B I N J R M E S S A Q
A P Z I U A H U Q T Z V H N J
J E O R R A T M R C O Q J A N
P T F A N A B E M D E N O H U
B G N F S D V H E Y N J Q I T
B W F Ñ Z I E G N A R O S S U
```

ADD - AÑADIR

APPLE - MANZANA

FRUIT - FRUTAS

ORANGE - NARANJA

PEAR - PERA

POT - CACEROLA

POUR - VERTER

RECIPE - RECETA

FISH - PEZ

Andreanix

Nº 47

FRUITS

```
L A E D E W A T E R M S E E E
R F L V G I I Ñ A F P I E P P
A T Y E Y L S V I E Y F L P A
S Z A X U W O M R Z K U P L S
P Y N N F R T A L U M S P N E
B R J J G G I H P W B I A O U
E R V Z Y E N C D Y V A E L B
R E B A N D R E A N I X N E M
R B M R P V A I Z M L A I M A
Y W I U L I I W N B S Z P R R
N A Ñ E D T Ñ R L E L K O E F
L R B N Z W C A R D M D E T D
I T A C N Y I F W J G M G A E
Ñ S V A T D C C R A E P G W J
A V W D A N I R A D N A M Y T
```

WATERMELON - SANDIA

STRAWBERRY - FRESA

TANGERINE - MANDARINA

RASPBERRY - FRAMBUESA

PLUM - CIRUELA

PINEAPPLE - PIÑA

PEAR - PERA

Nº 48

FRUITS

```
D S G P U A V A J N A R A N A
M F M Q B E T A U H A C A C D
O S V A I H F E V E J N L T O
R X Y O N H P G C E G I B G C
E J H Y K G O N T M M S N R T
L K D W J E O A C E M A L A U
L I M O N U A R F E M I P P N
O N N S V I N O Y R N O M E L
C K A B H H A T N A F J X F E
H P M J C P L U G Z T Y X R Z
E G P A O A L N O U A R K U A
R A E M D T E A A T I R I I H
R P E V Q K V E K E B N U T A
Y L Y F T A A P A M I L D D O
O S C R R Y M A N G L C R A N
```

PEANUT - CACAHUATE

PEACH - DURAZNO

ORANGE - NARANJA

MORELLO CHERRY - GUINDA

LIME - LIMA

LEMON - LIMÓN

HAZELNUT - AVELLANA

GRAPEFRUIT - POMELO

MANGO - MANGO

Andreanix

Nº 49

FRUITS

```
N Y A Z O Ñ R J M L L K B O N
E T A D V A A Ñ H H T L M F A
B D F C O C E G T O U M I Z F
L C G R A P E H C E P G E A R
A O G I H J Z I B Q T R U M I
C C K Y K E R E J R E V O A J
K O A R A P R T R C R L O N T
B C Ñ R A R U L I T A D C Z U
E A P E Y N M Q F X T M I A N
R Ñ A H O O E B C O C R R N T
R A F C R C A S T A Ñ A A A S
Y B O A Z R V Z O H Z M B J E
Q C H U A R A N D A N O L J H
M B I V T T A P P L E N A S C
P E L A N D R E A N I X A X L
```

GRAPE - UVA

FIG - HIGO

DATE - DÁTIL

COCONUT - COCO

CHERRY - CEREZA

APPLE - MANZANA

CHESTNUT - CASTAÑA

BLUEBERRY - ARÁNDANO

BLACKBERRY - MORA

APRICOT - ALBARICOQUE

Andreanix

GEOMETRIC FIGURE

Nº 50

TRIANGLE - TRIÁNGULO

CIRCLE - CÍRCULO

RECTANGULE - RECTÁNGULO

SQUARE - CUADRADO

PENTAGON - PENTÁGONO

RHOMB - ROMBO

HEXAGON - HEXÁGONO

Andreanix

Nº 51
GEOMETRIC FIGURE

```
F T A T W Z A F E Z B I V F P
X R P Y R A M I D O L A V O K
V A L E C U F B I O T R V T W
S P O C U B O D M Z U A O X J
V E F Q B N N X A O L V D D N
B Z W U E B J Q R R I S J O S
O I C E P A R T I D H P P D P
L U E I M M L C P N J Q O E A
B M R N Q K O F Z I G Y J C M
X I N A E R D N A L K X R A S
U X C B C M V M J I T A B G O
Z X R E D N I L Y C X E R O E
X Q J F T D O D E C A G O N O
D P A R A L L E L O G R A M B
I O M A R G O L E L A R A P M
```

TRAPEZIUM - TRAPECIO

OVAL - OVALO

CUBE - CUBO

PYRAMID - PIRAMIDE

CYLINDER - CILINDRO

DODECAGON - DODECÁGONO

PARALLELOGRAM - PARALELOGRAMO

GEOMETRIC FIGURE

Nº 52

```
L G S I V M U H N O G A C E D
V N E S A N D R E A N I X I E
T O U W T I R C V G W B K L C
P G C E L A L L E R T S E V A
D A X D S B R L D G I V O R G
Z T N H H A C J Z W J S E A O
Q P Q R H K R Z O J F F R I N
H E P T A G O N O H K W E J O
R H O O O T O H M L K G H V O
F W J F U G E R U I O R P Q B
C L I L A A M A A R E F S E M
R R E T M A S V I C E C G P U
M N C U D E J I N X C N M O E
N O G A T C O M X N C H O T X
T B T H X O O N B S O N O C H
```

STAR - ESTRELLA

OCTAGON - OCTÁGONO

CONE - CONO

DECAGON - DECÁGONO

SPHERE - ESFERA

HEPTAGON - HEPTÁGONO

HEALTH

Nº 53

```
A E Y B E X H A L A F W W H A
S B G I T G E L B A T Y U N B
A R S N C E X W A K E N D M E
C E O S D T Z E X F Z R E H B
N A T D E S O L A F E D N D E
E T N I S O B S B A I W E N R
E H E U R M N E N C O S W I L
T E M Q A E N I I D C O Z E I
A O A I T R X N E A X L J H Q
D U C L S E A I N P E T H T U
E T I K O S L S K I M T W A I
U C D N C T E W T C C U U E D
Q W E I A T A T E L B A T R O
H S M R H E M O H Y A T S B S
A W N D Q A E A L A H N I J I
```

BREATHE IN - INHALA

BREATHE OUT - EXHALA

DRINK LIQUIDS - BEBER LÍQUIDOS

GET SOME REST - DESCANSE

STAY HOME - QUÉDATE EN CASA

LIE DOWN - ACOSTARSE

HEALTH

Nº 54

```
R J V X O P L L A M S R Ñ N H
H E L I O Ñ L Z A R E C L U M
E Z N R R P Y H T L A E H U S
A I E F V U N G R I P E Q R K
R A N R E U E E B E S A L Ñ C
T P S F F R W L K N T L X A A
D A W M A P M N A C C L U F T
I P X C A R F E J F I I I A T
S E Y F N R T I D N L H Y M A
E R Z P J D G O S A B U C H T
A A M M U M P S L I D P H T R
S S K L Z E F B I D I R G S A
E Q A L E C I R A V W D J A E
Z S S E N L L I A R E C L U H
A C Y Z C A R D I O P A T I A
```

ILLNESS - ENFERMEDAD

ASTHMA - ASMA

CHICKENPOX - VARICELA

SMALLPOX - VIRUELA

HEART ATTACK - INFARTO

HEART DISEASE - CARDIOPATÍA

ULCER - ÚLCERA

FLU - GRIPE

MUMPS - PAPERAS

Andreanix

Nº 55

HEALTH

```
I R M A C I D E M A T E C E R
N U M H O S P I T A L P C O D
G I E N R S S E L N I A P N
O N D N U R G C R O T C O D O
R J I U P E N I C I D E M I I
O E C A R E M R E F N E N A T
L C I H I N J U R Y D Y D L P
O T N L C P L R Y I E Z P A I
D I A F D U O Q C C T N F T R
N O L V F A N O C L U J S I C
I N I N D N E I D R L H S P S
A K I I P S O A S Z Q H I S E
W A R U Z N C E T B F U L O R
P E N A N D R E A N I X P H P
H Q T O S O R O L O D X L O D
```

INJURY - HERIDA

HOSPITAL - HOSPITAL

DOCTOR - MÉDICO

NURSE - ENFERMERA

INJECTION - INYECCIÓN

MEDICINE - MEDICINA

PRESCRIPTION - RECETA MEDICA

PAINFUL - DOLOROSO

PAINLESS - INDOLORO

Andreanix

HEALTH

N° 56

BANDAGE - VENDA

BAND AID - CURITA

CRUTCH - MULETA

PLASTER - YESO

WHEELCHAIR - SILLA DE RUEDAS

FEEL GOOD - SENTIRSE BIEN

HAVE A COLD - TENER UN RESFRÍO

SNEEZE - ESTORNUDAR

COUGH - TOSER

Nº 57

HEALTH

```
E D O L O R D E M U E L A S K
S A D L A P S E E D R O L O D
O N X C S M K C I S L E E F D
D J E S T A R M A R E A D O I
I G W B E P O D A T O G A A A
O H Y D T A A E T D S Z D E R
E T P Z E O R S G I D M A R R
D C I S Z T O A S K Q S S R H
R K P R E I S T C O T Q N A O
O M Y Y E V D U H H U R A I E
L E Ñ R O D U L A A E T C D A
O Y A X R G Ñ M E H C R O S N
D E H C A K C A B E X H Y O T
E S R A Y A M S E D F E E B T
O M R E F N E E S R I T N E S
```

FEEL SICK - SENTIRSE ENFERMO

FEEL DIZZY - ESTAR MAREADO

PASS OUT - DESMAYARSE

TIRED - CANSADA

EXHAUSTED - AGOTADO

BACKACHE - DOLOR DE ESPALDA

EARACHE - DOLOR DE OÍDOS

DIARRHOEA - DIARREA

TOOTHACHE - DOLOR DE MUELAS

HEALTH

Nº 58

ALLERGIC - ALÉRGICO

SWELL - HINCHARSE

CONSTIPATED - ESTREÑIDO

HAVE SPOST - TENER GRANITOS

HAVE A RASH - TENER ERUPCIONES

BLACKEYE - OJO MORADO

BRUISE - MORETÓN

GET BURNT - QUEMARSE

VOMIT - VÓMITO

HOUSE

```
M G B B K M Q Q P C R N W E G
E U D I Q M I O K W O D N I W
Y J E R U T I N R U F R B J V
P K T B G L A F K W M M I P E
G R N I L J N Y M K S W U Y N
A G J D W E P C W S Z E A J T
N A N U S T G D O O R K H T A
E L R S M A J K R T E N Y H N
J L E Y E Z R L A N S F A Z A
R I A H C N O N T U L M T E N
K S I K P N O I C A T I B A H
T P S O W H M F E P Z G R M Z
H A N D R E A N I X R U X F L
V T N R A S E M N A C O U C H
T A B L E O M Z U A F O S R A
```

FURNITURE - MUEBLE

CHAIR - SILLA

WINDOW - VENTANA

DOOR - PUERTA

TABLE - MESA

COUCH - SOFÁ

ROOM - HABITACIÓN

# JOBS

N° 60

```
O R T S E A M E T N A D U Y A
M V X T J O C I N A C E M N E
A C H S R E T N I P Q M R G D
M T I E N K P L U M B E R L R
L T J R D F I X C A R S J O O
N A L V C I O Z O M A Y T A B
C H U E R R A M R F M N W R R
A I R R N U R S E Q I P R E J
Q T N H L L S B R P G C E M A
A A D A G T A T A E Z P I R A
C M T S H O O Q M J H Y H E X
X C Q J V C P M A C N C S F I
I J A Z E A E C C J M X A N F
F T F W O R E M O L P K C E T
N F S O T U A A L G E R R A T
```

CASHIER - CAJERO

MECHANIC - MECÁNICO

NURSE - ENFERMERA

PINTER - PINTOR

PLUMBER - PLOMERO

FIX CARS - ARREGLA AUTOS

SERVER - CAMARERO

TEACHER'S AIDE - AYUDANTE MAESTRO

Andreanix

JOBS

Nº 61

```
O E L P M E E D O I C N U N A
I G T S I N O I T P E C E R H
S K A T S I C I R T C E L E H
E O M E D I A J O R N A D A S
R R E Z M E M I T L L U F E G
V E M B A B Y S I S T E R U E
I T I P O L I C E P F V R Y P
R N T A R Ñ I N D E E C Y O
C I T R X M A X A F N P D Y L
O P R H T B E B O I V R Z Ñ I
M R A Ñ L G O O O Y P N M I C
I A P G F J D J U Ñ C Z J N I
D C R E C E P C I O N I S T A
A X Z I N A I C I R T C E L E
A T E L P M O C A D A N R O J
```

RECEPTIONIST - RECEPCIONISTA

SERVE FOOD - SERVIR COMIDA

FULL TIME - JORNADA COMPLETA

JOB AD - ANUNCIO DE EMPLEO

PART TIME - MEDIA JORNADA

ELECTRICIAN - ELECTRICISTA

BABYSISTER - NIÑERA

POLICE - POLICÍA

JOINER - CARPINTERO

Andreanix

LENGTH

Nº 62

```
M Ñ X P U L G A D A U K U C M
I O M I L I M E T R O I I E I
L R L R E N M C E U B L E N L
L T N K R C I E V N Q O Y T L
A E P Y I H L N U A M M C I I
N M I A A L E T B N I E K M M
A O E R M R O I W O C T Z E E
U R M D I Z D M V M R R R T T
T C J A L F U E E E O O M E E
I I F G L T I T A T M D E R R
C M O R A R O R X E E I T E T
A S O Z F R M O S R T R E A T
M L T Q T N A N O M E T R O K
A O L E X P T Ñ Z A R L I I A
B Y M N A U T I C A L M I L E
```

KILOMETER - KILOMETRO

METER - METRO

CENTIMETER - CENTIMETRO

MILLIMETER - MILIMETRO

MICROMETER - MICROMETRO

NANOMETER - NANOMETRO

MILE - MILLA

YARD - YARDA

FOOT - PIE

INCH - PULGADA

NAUTICAL MILE - MILLA NÁUTICA

Andreanix

Nº 63

METEOROLOGY

Y	S	D	S	U	A	E	P	I	F	T	X	R	N	H
D	N	J	T	F	R	O	S	T	X	X	I	E	A	A
H	O	T	X	T	D	R	I	Z	Z	L	E	C	A	I
K	W	C	X	R	A	G	M	R	O	Z	O	N	E	L
X	C	C	B	Z	P	R	K	I	A	H	Z	Z	R	S
W	Z	T	M	U	O	Y	V	A	Y	I	V	Y	C	T
T	S	W	A	T	I	U	D	I	V	C	N	M	G	O
O	K	G	S	V	L	A	E	O	E	S	M	H	R	N
R	R	R	P	I	L	V	L	G	A	N	V	I	A	E
M	W	R	D	E	E	L	U	G	C	H	Q	E	N	S
E	M	H	H	I	Q	L	A	P	K	E	Q	L	I	K
N	B	T	N	I	E	F	Z	L	R	N	Y	O	Z	F
T	T	V	B	D	A	F	L	U	R	R	Y	C	O	A
A	X	T	S	R	E	K	X	D	W	M	N	J	Ñ	Q
L	D	L	L	U	V	I	A	T	G	I	N	A	S	M

DRIZZLE - LLOVIZNA

RAIN - LLUVIA

DELUGE - DILUVIO

FLURRY - RÁFAGA

HAILSTONES - GRANIZO

SNOW - NIEVE

FROST - HELADA

ICE - HIELO

STORM - TORMENTA

Andreanix

METEOROLOGY

Nº 64

THUNDER - TRUENO

LIGHTNING - RELÁMPAGO

CLOUD - NUBE

MIST - NIEBLA

HAZE - BRUMA

DROUGHT - SEQUÍA

DEW - ROCÍO

WIND - VIENTO

BREEZE - BRISA

METEOROLOGY

N° 65

```
S Z P I W T H J T J X Ñ Z N L
G E B R Y G U O Z L I M G X Ñ
V M C B E G R Ñ A X N T W F Q
K Y J O S P R T T A U W H I S
H Z U U V C I O M O N I I E J
T Z P R Z A C R N I D S R D G
O B I R H L A B O F A T L C E
R F U Z U I N E E L C E W U F
N L F Y R D E L U O I R I X P
A X R V A O Q L L O O V N P G
D T R D C Z M I C D N R D B R
O F Z W A R M N I E O X T R D
R I O L N U W O Q R G U S Z R
I I C N E W B Q S D A M P N Y
F Q H U M E D O E F P P Y G A
```

WHIRLWIND - TORBELLINO

HURRICANE - HURACÁN

TWISTER - TORNADO

FLOOD - INUNDACIÓN

WARM - CÁLIDO

DAMP - HÚMEDO

DRY - SECO

METEOROLOGY

Nº 66

```
A H S L E E T G T Q Z E T Ñ R
D L Q P A L C R E D N U H T A
I J Y H E A T W A V E B I C F
T I A X O R C O G D W I U O A
E D T G Y L A Q N Z J T S L G
R O N H U Z A Y L E Z Q D D A
R Ñ L I V A G D O B U Ñ B S D
E T S A W T N C E C R R E N E
D Y O L D F N I H C T U T A V
E W L G U E O W E Q A B M P I
V S X G I S F T X V L L Ñ A E
E D C U O L H R S V E A O B N
I Z I C A F O Z I U E K D R T
N I U U V M G Z Z O G T D Q O
G N I N T H G I L F O T L O B
```

SLUSH - NIEVE DERRETIDA

THUNDERCLAP - TRUENO

SLEET - AGUANIEVE

BOLT OF LIGHTNING - RAYO

HEAT WAVE - OLA DE CALOR

COLD SNAP - OLA DE FRÍO

GUST OF WIND - RÁFAGA DE VIENTO

FOG - BRUMA

Andreanix

Nº 67

MINERALS

```
V D U Q L R S L B V X A U N X
M B R O N C E T W Z N I Z N P
W H R O Q F N G I D Z Z D D M
G P C O L F E O R H D N I F X
T G Y D N M K E D N O M A I D
N I T O W Z A N F X R F M H D
J B T F Q N E D Y I F U A P S
R U B Y I D Q P V A Y V N Y W
H R J X L O P S A K W S T W Z
V D F S R E V L I S T G E F O
H T J S P L A T A P M G I C K
N L D V G F F L T I F T Z P I
I M U N I T A L P R P C A O N
C P L A T I N O F T V H R S V
I B A W W H H L I G G O L D S
```

RUBY - RUBÍ

PLATINUM - PLATINO

DIAMOND - DIAMANTE

GOLD - ORO

SILVER - PLATA

BRONZE - BRONCE

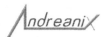

MONTHS

Nº 68

```
D E C E M B E R I T O W Y X S
I L M S Q J P S R S C E N U J
C M A R C H E R B U T C O G U
I H R K T U O E R G O N G W N
E F Z T V A Y A M U B M A E I
M N O A N L A B E A E T N R O
B H V L I V M H T G R H D B K
R L I R P A Q W Z O E E R M E
E J B M J Z O O P S Q O E E W
A A G D U R P O B T E I A I Y
O N O V E M B E R O A L N T O
D T E R B M E I V O N U I P R
F E B R U A R Y Y L U J X E E
P E A I I R E B M E T P E S N
F Z V I D W P Y R A U N A J E
```

JANUARY - ENERO
FEBRUARY - FEBRERO
MARCH - MARZO
APRIL - ABRIL
MAY - MAYO
JUNE - JUNIO

JULY - JULIO
AUGUST - AGOSTO
SEPTEMBER - SEPTIEMBRE
OCTOBER - OCTUBRE
NOVEMBER - NOVIEMBRE
DECEMBER - DICIEMBRE

Andreanix

Nº 69
MUSIC AND INSTRUMENTS

```
C H O J P O C D R U M S U A L
U Q W T Z S Y S S B B A J O Y
O W D O E O L W U M K K M F V
U O V I S H D Y O Z T E U D D
T C V S W C E A H Y P L S A A
O M A I I A N U N M Q Y I A B
F B T S C M U U C I G W C Q T
T V U O Z S T C S G F W A O O
U M R Z X G T G H C B A R P V
N D I V I H U A E O I Z S L L
E E M T C V O Q L P R R F E P
T C U X P D U O A Q T D Y Y D
J I S B A T E R I A X P I L V
N O I C N A C E D A R T E L F
J V B R G X D P R Y L V O H C
```

MUSIC - MÚSICA

LYRICS - LETRA DE CANCIÓN

OUT OF TUNE - DESAFINADO

VOICE - VOZ

DUET - DÚO

BASS - BAJO

CHORD - ACORDE

DRUMS - BATERÍA

MUSIC AND INSTRUMENTS

Nº 70

```
T X N A K S Q V T A X O C T S
U I J E Q T I K C I T S R S D
D S H N S T P N O T M O A Z T
D Y C O H I P E G R E W N B R
N N A B A U S T T E W L R F O
S I N M M L A O A R R C A G M
G L T O A I T N Y C O L U C I
E O A R G Q E A I O W M R N S
R D N T U U U B I L D E B A F
I N T Z T D Q J S D O V C O N
O A E X S H A R P V O D O T N
D M J X B W B G O Q D L N K B
U E F T U N E A G U M Z E A L
G C D H L A L A C S E U C M M
A K C G H F A H S L D N A M R
```

TUNE - MELODÍA

SCALE - ESCALA

SINGER - CANTANTE

NOTE - NOTA

SHARP - AGUDO

TROMBONE - TROMBÓN

STICK - BAQUETAS

MANDOLIN - MANDOLINA

Nº 71
MUSIC AND INSTRUMENTS

```
B G E G P T Q D C M B C K F T
Q S U K Q U K E L E L E T L Z
O T R A T S E U Q R O F C A F
N I D K C D O B U G L E T U K
N M C U E L W R Z D E H L T I
O B L X N T A X C O D U H A C
E A A Z C O T R Y H B Q C C O
D L R B M Y I L I H E C Q U L
R J I E C F M D E N Q S Y R L
O F N Z L Q L B R D E N T T I
C C E U P E N R A O R T P R T
R C T A T N L D R L C U U Z A
A E E H O A T E N F S C M Y L
H D L J L J Y R K L H G A I P
L X A C L A R I N U S L P X I
```

KETTLE DRUM - TIMBAL

FLUTE - FLAUTA

BUGLE - CLARÍN

CLARINET - CLARINETE

ACCORDION - ARCORDEÓN

CYMBALS - PLATILLO

UKELELE - UKELELE

ORCHESTRA - ORQUESTA

MUSIC AND INSTRUMENTS

N° 72

REST - SILENCIO

TREBLE CLEF - CLAVE DE SOL

BASS CLEF - CLAVE DE FA

FIDDLE - VIOLÍN

TRIANGLE - TRIÁNGULO

FRENCH HORN - CORNO FRANCES

GRAND PIANO - PIANO DE COLA

GUITAR - GUITARRA

HARP - ARPA

Nº 73
MUSIC AND INSTRUMENTS

```
H Q H C I G J N N Z G S R C B
Y J A M N M Z D G Z E O P Ñ A
Q Ñ R D T H F N A P N B D Q S
A Q M B U J Q F I E O A Q R S
L Z O T N P N P T D A S Q C G
S G N K E W G U A C R S C Q U
I N I Y B A Ñ N U Q M D A N I
N F C E B O I F I K O R N C T
G U A C H F M C Ñ U N U T H A
E Z Q S A N S B Y M I M A O R
R T B A J O A K O I C A N R Ñ
P A H T C O R O F E A B T U H
B G D O U B L E B A S S E S J
T N H B W T T E N O R V R K N
U K C O N T R A B A J O Ñ Ñ X
```

BAGPIPES - GAITA

BASSDRUM - BOMBO

BASS GUITAR - BAJO

DOUBLE BASS - CONTRABAJO

HARMONICA - ARMÓNICA

IN TUNE - AFINADO

CHORUS - CORO

TENOR - TENOR

SINGER - CANTANTE

Andreanix

Nº 74

PICNIC

```
K R N H I E L O A Z C Ñ N W G
Y F F W M T O D C I P O C X I
X D X F P Y I I N Z Ñ L J J O
C G A X K M N C S H Ñ Q S J L
B J R A O C I C U D M Q L B U
S U U C I P N A S R T Ñ P L O
E I F P J J P N F I E B Q A J
B C R J U G O A O N N E I N R
J E R J F L D S R K E B N K C
R S V B O Z S T K S D I W E E
M I N P O Z J A D P O D O T S
N E E Y D M A N T A R A B L P
A U L A I I Ñ T C B Ñ S V T E
Ñ B G R A S S C J I C E S D D
B A S K E T I X E T Ñ P M E X
```

PICNIC - PÍCNIC

BASKET - CANASTA

BLANKET - MANTA

DRINKS - BEBIDAS

FOOD - COMIDA

FORK - TENEDOR

GRASS - CÉSPED

ICE - HIELO

JUICE - JUGO

Nº 75

PICNIC

```
N G A L L E T I T A Z D D Q L
B I S Ñ O V L I M O N A D A E
D R T P C U C H A R A P R R M
G S S G O C G L A S S E I M O
D Y F P F O O C L P D D K X N
T P J J F H N O O A S O D A A
G V T D E B X V L O J Q H J B
I I K E E Z S E K E K Ñ F N L
S P R O R R H S Q Ñ R I J T E
V R P P R M A U D I B B E X J
H A V H Ñ L O Y O N Z C R C J
G X D L F G A S E O S A V Z A
E Z C U C H I L L O H F K U A
I E K V A S O Ñ F U A E J R Q
K N I F E Q Q Q Z P L O N F F
```

COFFEE - CAFÉ

COOKIE - GALLETITA

COOLER - HELADERA

FLASK - TERMO

GLASS - VASO

KNIFE - CUCHILLO

LEMONABLE - LIMONADA

SODA - GASEOSA

SPOON - CUCHARA

Andreanix

PICNIC

Nº 76

```
D K P I R H Y C B W Q M D F E
E J D Z F A W K I Y T E V R Y
W J Y U N M I A J N O S V P N
Y M Z O M B N D Ñ N E A S A B
J O O M C U S C I L L A G I N
C S J O H R E V B R X I R S M
X C U S I G C A O S M E X A O
R A X Q N U T F O R G F U J S
N F T U S E O O O R W P Z E Q
Ñ Ñ Y I E S S H U J I J D Z U
J O M T C A M B W U N I A F I
Ñ Ñ P O T S M G J K E F L Y T
N G Z N S A N D W I C H Ñ O O
C Q A A H H A S C E N E R Y M
E M P A R E D A D O X N Ñ O Q
```

HAMBURGER - HAMBURGUESA

TABLE - MESA

ANT - HORMIGA

FLY - MOSCA

SANDWICH - EMPAREDADO

MOSQUITO - MOSQUITO

INSECTS - INSECTOS

WINE - VINO

SCENERY - PAISAJE

Nº 77

PLANETS

```
E C O X J U P I T E R X F I V
R M S U D O I R U C R E M Q E
D U A M Q A Y R W Y H C V N N
T F O R T W U R A N O T U V U
V E N U S N P C S Q C T Y U S
B Y L C D H T R A E P H E S T
W T L V L S F P X E E E Z F A
T Y H S A T U R N O F T K N N
A R T M T D R R S U D R G R D
Q U P L A N E T A S P A B U R
P C T Z D S Y E R N W M N T E
W R E T I P U J R Q U N F A A
N E P T U N O S E O I S Y S N
Q M B S H K Z C I U D M Z O I
L B H Z Y A Z S T E N A L P X
```

PLANETS - PLANETAS

MERCURY - MERCURIO

VENUS - VENUS

EARTH - TIERRA

MARS - MARTE

JUPITER - JÚPITER

SATURN - SATURNO

URANUS - URANO

NEPTUNE - NEPTUNO

Andreanix

PROFESSIONS

Nº 78

```
H B G Ñ V B A R B E R U Z E B
B Q Z M D N E L T G H X A M H
A G O H G V D X R M O W H P P
K Y N M I M M O D E L L Y L P
E R D R E M P L E A D O Q O A
R O D L I S T U D E N T Q Y N
D X M P E L U Q U E R O X E A
B M O U J C O N T A D O R E D
B L D F I S H E R M A N P D E
G P E R A C C O U N T A N T R
L O L W F P I N T O R S F W O
K C O H W P A I N T E R G S A
L I N C O N D U C T O R Ñ P M
G Q B F E S T U D I A N T E D
Q O P E S C A D O R T H O N X
```

ACCOUNTANT - CONTADOR

BAKER - PANADERO

BARBER - PELUQUERO

DRIVER - CONDUCTOR

EMPLOYEE - EMPLEADO

FISHERMAN - PESCADOR

MODEL - MODELO

PAINTER - PINTOR

STUDENT - ESTUDIANTE

Andreanix

Nº 79
PROFESSIONS

```
U Z W P O L I T I C I A N S A
A T C R E S C R I T O R S A P
C N A I I S Q U R J D E P K I
T F R R M T Ñ G U K R Z B G C
R X E E A M E E T T B A E R U
I N T P R E N R C F Q P E Z L
Z R C O I D L A O B U O K R T
O P F R N T A I L O R L E E O
Z A Ñ T E S A S T R E I E P R
K H D E R P A S T O R T P O T
K O L R O O Y Q G V S I E R E
H G D O D W A I T E R C R T P
V C A M A R E R O Y S O V E H
T J L W Y C S H E P E R D R X
Y S A I L O R Q A D X F M U D
```

ACTRESS - ACTRIZ

BEEKEEPER - APICULTOR

REPORTER - REPORTERO

SAILOR - MARINERO

SHEPERD - PASTOR

WAITER - CAMARERO

WRITER - ESCRITOR

POLITICIAN - POLÍTICO

TAILOR - SASTRE

Andreanix

PROFESSIONS

Nº 80

ARCHITECT - ARQUITECTO

CHEMIST - QUÍMICO

DENTIST - DENTISTA

DOCTOR - MÉDICO

RECEPTIONIST - REPCIONISTA

PSYCHIATRIST - PSIQUIATRA

TEACHER - PROFESOR

SINGER - CANTANTE

PLUMBER - PLOMERO

Nº 81

PROFESSIONS

```
L O Z P R T E C N I C O K G R
W U M E A S T R O N A U T A B
V O J A R D I N E R O I R R A
Ñ T K E O B P O L I C I A D R
L E F Q J O E A W K I R T E B
R C M R O O R S A S E E D N E
R H P P U K I T T C N L N E R
Ñ N K O R S O R C I T O Z R O
T I K L N E D O H E I J B L E
Z C J I A L I N M N F E A L Ñ
I I Y C L L S A A T I R R L U
P A N E I E T U K I C O B F Z
S N A L S R A T E S O Y E A M
Ñ X Y P T C I Z R T K A R K T
X L I B R E R O K X Z U N F C
```

ASTRONAUT - ASTRONAUTA

BARBER - BARBERO

BOOKSELLER - LIBRERO

GARDENER - JARDINERO

JOURNALIST - PERIODISTA

SCIENTIST - CIENTÍFICO

TECHNICIAN - TÉCNICO

WATCHMAKER - RELOJERO

POLICE - POLICÍA

Andreanix

SHOPPING

Nº 82

```
S A R P M O C A F Z C A S H D
J G N I P P O H S Z M X I O I
L D G C Z G X M Y P H L B T N
F R D I X I N A E R D N A I E
C A F W C R E D I T C A R D R
X C Q P B L V N F N C A N E O
O T I B E D A T E J R A T R E
W I P A G A R Y A P A K E C F
D B P P B E L C T X G D Q A E
K E Y F U X E P I K T B N T C
C D R Q X K I H H B U L N E T
E H E R G E B U F J E R W J I
H H R E C I B O C Q L H J R V
C U E E K K N F A T H L E A O
S H R G T V G Q N B G I N T V
```

CASH - DINERO EFECTIVO

DEBIT CARD - TARJETA DEBITO

PAY - PAGAR

RECEIPT - RECIBO

SHOPPING - COMPRAS

CREDIT CARD - TARJETA CRÉDITO

Andreanix

Nº 83

SYMPTOM

```
H Q E H N C E H C A K C A B A
P C O R K P L O A T I C C V D
X L W A B O D A I R F S E R L
P I O R Y E V G U I I M B N A
N N R I T U I J A V Q E F E P
H I F G W N H F L E X D E L S
D C U X Z J E G Z R G I M S E
J A B W Y R H M U S V C Q J E
M F U P E D I P T O H O Z G D
O Q C V O Z D T B N C L I F R
T X E P D O C T O R I Y S B O
P F L L B T K L J B N O O X L
M R O Z X N Q B Y F I O P S O
Y C U T O S B D P I L Q Y P D
S A M O T N I S P Y C U G Q A
```

APPOINTMENT - CITA

BACKACHE - DOLOR DE ESPALDA

CLINIC - CLÍNICA

COLD - RESFRIADO

COUGH - TOS

DOCTOR - MÉDICO

FEVER - FIEBRE

SYMPTOM - SÍNTOMAS

Andreanix

Nº 84

TALKING ON PHONE

TO CALL - LLAMAR

TO HANG UP - COLGAR

TO PHONE - TELEFONEAR

AREA CODE - CÓDIGO DE ÁREA

COUNTRY CODE - CÓDIGO DE PAÍS

DIRECTORY - GUÍA TELEFÓNICA

TO FAX - ENVIAR FAX

OPERATOR - OPERADORA

TECHNOLOGY

```
R O S I V E L E T E V J A Y X
L A L Z N T E L E V I S I O N
U N C N G O E W L M M M R G O
T D Y O Z R R U X C A M A R A
Y R R T M N Z Y O J R A J S R
F E S A R P L L X H X X P Z E
Y A F W P L U U A F R V E T M
K N A R O D A T U P M O C C A
H I V I L O P I E D C Y X D C
R X T Z D V V V Y R A I Y N L
E T T A B L E T A D O L P V P
L Y E S B C R E Z C M V Z H X
O Z V Y L L J T E L E F O N O
J J Q N O W E Y E I C N O Z G
K C O L C T S T W C E R N N B
```

PHONE - TELÉFONO

COMPUTER - COMPUTADORA

TELEVISION - TELEVISOR

CLOCK - RELOJ

CAMERA - CÁMARA

TABLET - TABLETA

TIME

N° 86

NANOSECOND - NANOSEGUNDO

MICROSECOND - MICROSEGUNDO

MILLISECOND - MILISEGUNDO

SECOND - SEGUNDO

MINUTE - MINUTO

HOUR - HORA

DAY - DÍA

WEEK - SEMANA

MONTH - MES

YEAR - AÑO

DECADE - DÉCADA

CENTURY - SIGLO

Andreanix

TOOLS

N° 87

```
E D E S T O R N I L L A D O R
P P R E V I R D W E R C S P T
T V R T B Q K E R R F A I O U
O C M N A L A W Q M H R H B T
R N G W B P L C B V W N U A C
T Z Y O V U K I K N F B V R C
E E I L A Q X J R P I I K R H
M U Z L E T A L A D R O U E A
E V X I N A E R D N A V L I I
T U X T T E R S R Y E K D S N
E R S R G E Q F H K Z S R O S
R K V A M R E N G N D B K T A
F I O M C T Y E X A O S O O W
Q S A Q U W S E S I W K R M A
F H Q Q H S O V A L C N N Z U
```

SCREWDRIVER - DESTORNILLADOR

HAMMER - MARTILLO

DRILL - TALADRO

CHAINSAW - MOTOSIERRA

METER - METRO

NAIL - CLAVO

TRANSPORT

Nº 88

```
R K S K I V J K C G K O T U A
E Z C B A R C O U U S R A C G
T O O L O H B I C I C L E T A
P U O J J A Q Z U Z L T I H T
O K T K X T T C B J R R O A A
C T E O U U D L Q A X E O L T
I R R M M O H X I K H N B O E
L A N D R E A N I X E X R A L
E G C A R C E E J Y A K C J C
H E L I C O P T E R O T I V I
Z R V G U P H J E V O Y E B C
J L X L O P L A N E R O R T O
J A V I O N J U C P P R I W T
P S R E T O O C S W A L N U O
L G J P A E L C Y C R O T O M
```

CAR - AUTO

PLANE - AVIÓN

TRAIN - TREN

BIKE - BICICLETA

MOTORCYCLE - MOTOCICLETA

BOAT - BARCO

HELICOPTER - HELICÓPTERO

SCOOTER - SCOOTER

Andreanix

N° 89

TRAVELS

```
L U G G A G E V A O S H C Z R
A D X D Z T W W N W E U P H M
Z A R E D R O B D O Q A N E N
H Y L S Q J B G R X U I W I T
C U S T O M S A E T I C K E T
A A W I L E E N A I P Z X W Y
C I Q N O H E A N E A B Q A M
O A C O Z J F U I L J R E T H
E B V I G H T D X L E P I C Q
F R O N T E R A X P T H Y G D
X X B L M B Q P T R A V E L S
V H T W E Z T P G M M H A F L
P C N O I T A N I T S E D O O
O B Y E P X O J M X Z W Y S P
S E J A I V S Q K Q T O U R Q
```

TRAVELS - VIAJES

CUSTOMS - ADUANA

TICKET - BOLETO

DESTINATION - DESTINO

LUGGAGE - EQUIPAJE

BORDER - FRONTERA

TOUR - GIRA

TRAVELS

Nº 90

HOTEL - HOTEL

MAP - MAPA

PASSENGER - PASAJERO

PASSPORT - PASAPORTE

TOURISM - TURISMO

TOURIST - TURISTA

SUITCASE - MALETA

Nº 91

TRAVELS

ACCOMMODATION - ALOJAMIENTO

CRUISE - CRUCERO

DOWNTOWN - CENTRO DE CIUDAD

GUIDE - GUÍA

HOLIDAYS - VACACIONES

MOTOR HOME - CASA RODANTE

TO TRAVEL - VIAJAR

TO BOOK - RESERVAR

TRAVELS

Nº 92

ADMISSION FEE - CUOTA DE ENTRADA

BROCHURE - FOLLETO

CAR RENTAL - ALQUILER DE AUTOS

SEASON - TEMPORADA

SUNBLOCK - FILTRO SOLAR

TRAVEL AGENCY - AGENCIA DE VIAJES

TO SUNBATHE - TOMAR EL SOL

TO GO SKIING - IR A ESQUIAR

TRAVELS

Nº 93

```
A L B E R G U E J U V E N I L
O T N E I M A N O I C A T S E
E L B O D N O I C A T I B A H
I B L Y O U T H H O S T E L M
N R R G N E P K Q X E R S S O
O Z A O N O E T H Q V Q M U O
I P H E N I I U Y U C L Y N R
C N A N S C B T T X L N G L E
A L E R H C E M A Z T Y P O L
V Z S I K M A A I V T W J T B
R V K P N I D L D L R O U I U
E O F F F J N R A O C E B O O
S A R J B W W G T R R O S N D
E T S I L G N I T I A W G E K
R L I S T A D E E S P E R A R
```

DOUBLE ROOM - HABITACIÓN DOBLE

PARKING - ESTACIONAMIENTO

SUN LOTION - BRONCEADOR

WAITING LIST - LISTA DE ESPERA

YOUTH HOSTEL - ALBERGUE JUVENIL

RESERVATION - RESERVACIÓN

GO CLIMBING - IR A ESCALAR

Nº 94

TRAVELS

```
S X H I T L O S E D S A F A G
S S P U Q A C N O I T A C A V
N I T Q B D O O S G M J F J Q
U N L S J I N Q U T E L A T S
G G A E M E F Y Z Q I G R E Q
N L S E B D I X N G F O S G T
I E E D S E R K H L S S R N R
P T N N J M T D E A X A I E
M I O O I A S N R L R O M P G
A C I I P I U I G G L M R M A
C K C C M V K N G E P G I A K
E E A A A S U K U G D Z F C C
D T C T C S N V S E K P N O A
R M A S G P A Q U E T E O G P
I Z V E F P E C N F H J C E D
```

FLIGHT - VUELO

PACKAGE - PAQUETE

SINGLE TICKET - VIAJE DE IDA

SKI RESORT - ESTACIÓN DE ESQUÍ

CONFIRM - CONFIRMAR

VACATION - VACACIONES

GO CAMPING - IR DE CAMPING

SUNGLASSES - GAFAS DE SOL

Andreanix

VEGETABLES

Nº 95

```
W J B E R E N J E N A N X X X
M K E E L T N I L L O B E C R
C O L I F L O R M E E W D U N
O A L L O B E C G N E E Z C R
U O B E R E N G F K E I A U E
R T M G O N P W P R Z I A M W
G I E L J L S Q C O R N B B O
E L T L A N D R E A N I X E L
T L Z N O B C L O N I O N R F
T A T L A I E N O A A R K L I
E P X A L P Y N I R G X H X L
L A C R O P I G A H R F R Y U
E Z A Y B P F O P G P E L E A
T G C H E R S E V I H C U Y C
W G G P R C E L E R Y G V P U
```

CHIVES - CEBOLLÍN

LEEK - PUERRO

GARLIC - AJO

EGGPLANT - BERENJENA

CUCUMBER - PEPINO

COURGETTE - ZAPALLITO

CORN - MAÍZ

CELERY - APIO

CAULIFLOWER - COLIFLOR

ONION - CEBOLLA

Andreanix

VEGETABLES

N° 96

```
J O A S U G A R A P S A X T O
M C Q B O A H C A L O M E R G
I K A O E N I G R E B U A Q A
L N F R I J O L E S G G Q Z R
O Y E B R O C C O L I Y D T R
C A U E R O Q H B B L U F C A
O I U E U G T B C Z A A D G P
R R E T A N D R E A N I X B S
B O C R A T F C T E M R H C E
B H A O U W A T J A E C I A D
Z A B O G B I N T P Y B O B T
C N S T B X E O O F E L A B S
J A F A I R L L S A O A O A S
B Z G B E Q L Y N C C M H G B
C E P B K O H S Y Z I J M E J
```

CARROT - ZANAHORIA

CABBAGE - REPOLLO

BROCCOLI - BRÓCOLI

BEETROOT - REMOLACHA

BEANS - FRIJOLES

ASPARAGUS - ESPÁRRAGO

AUBERGINE - BERENJENA

CABBAGE - COL

Andreanix

Nº 97

VEGETABLES

```
E I P A P O L P W Ñ P W A H C
R Z E C T E E V D P A M T T V
C D V A T P I M I E N T O S C
Ñ H T T P K N O Ñ I P M A H C
Q O U E M U S H R O O M L F D
P C R H L Z J A G U H C E L A
E I J F Ñ A F O H C A C L A S
C K J A N D R E A N I X E L A
A A O Z H N I K P M U P I E J
L P R H P O X Z A O H T L A E
A U E V C W D P A P N K P C T
B I J P E I V Q A E C A F C N
A I V N I J T W L I P R A F E
Z F Z P T N A R P S A E P G L
A X E I H Y O S A N H Ñ I U T
```

ARTICHOKE - ALCACHOFA

LENTILS - LENTEJAS

LETTUCE - LECHUGA

MUSHROOM - CHAMPIÑÓN

PEAS - ARVEJAS

PEPPER - PIMIENTOS

PICKLE - PEPINO

POTATO - PAPA

PUMPKIN - CALABAZA

Andreanix

VEGETABLES

Nº 98

```
F V G R E P P E P D E R B K W
E V O G I R T H T J O E V U J
U C E R Y E C O A D R Z R R A
S U I Y X A M Q P R W A V P U
S P W R N A B O O T A M O T V
E Z N I T H U C E N T E N O A
R A P E M O A C A N I P S E R
C S F A N D R E A N I X A U R
R U Q O U W P T E L S H T U O
E H H U E V H X U X A H A E Z
T G Q Z A G T E I R B B T F H
A K O R R S A N A L N H A L Q
W R Q W K C H F B T H I B Z W
O J O R O T N E I M I P P G A
P S W E E T P O T A T O Y J Y
```

RYE - CENTENO

SPINACH - ESPINACA

SQUASH - CALABAZA

SWEET POTATO - BATATA

TOMATO - TOMATE

WATERCRESS - BERRO

WHEAT - TRIGO

RED PEPPER - PIMIENTO ROJO

Nº 99

WARNING SIGNS

```
N O I C U A C E R P A D Y K D
O B R I D G E D O G A J M D I
I A Z R G Q T F E T D C W T N
T V N U X S N U L S U G V P T
U G R J A L E X N U M B C J E
A M Y C C Z U H Q E L H G S R
C Z P P F H P K E V L D L K S
V A N D R E A N I X K E V S E
O Q U Y M J S H F G N X S C C
E S C U E L A S O N X V J Z T
I U P M O D P P U N I Q G D I
T D B O O S F T J P W H P U O
M U H A S O L U C A T S B O N
O C E L S E L C A T S B O F S
S S E N O I C C E S R E T N I
```

CAUTION - PRECAUCIÓN

BRIDGE - PUENTE

SCHOOLS - ESCUELAS

TUNNELS - TÚNELES

OBSTACLES - OBSTÁCULOS

INTERSECTIONS - INTERSECCIONES

Andreanix

WARNING SIGNS

Nº 100

FALLING ROCKS - CAÍDA ROCAS

NO PASSING - NO PASAR

RAILWAY - VÍA FERROVIARIA

SLOWDOWN - DESACELERAR

PEDESTRIANS - PEATONES

TRAFFIC LIGHT - SEMÁFARO

SOLUTIONS

Nº 1   Nº 2

Nº 3   Nº 4

N° 5

N° 6

N° 7

N° 8

N° 9

S	K	W	S	S	U	S	R	A	T	A	T	E	M	K
P	S	K	B	G	E	N	O	B	H	G	I	H	T	N
R	X	N	A	J	J	M	U	S	L	O	G	E	P	E
R	Y	E	L	K	N	X	S	P	I	G	H	W	H	L
U	Z	E	L	O	G	E	K	H	F	X	P	S	A	S
M	O	C	I	Y	G	N	G	P	O	Z	U	A	L	N
E	O	A	N	N	Y	I	T	S	H	I	N	H	A	R
F	S	P	A	M	H	M	R	P	O	U	W	T	N	S
I	R	L	C	T	P	A	E	A	O	D	I	M	G	S
D	A	I	B	I	T	R	V	V	L	J	H	N	E	U
F	T	L	R	A	O	T	L	B	X	U	K	F	S	S
L	Y	S	T	N	F	G	I	H	A	H	T	H	V	R
Z	W	E	E	K	D	B	H	K	B	H	U	O	I	A
W	M	S	H	I	N	B	O	N	E	U	F	W	R	T
H	M	R	C	E	N	O	B	T	N	I	L	P	S	E

N° 10

H	K	P	F	O	Ñ	K	W	F	H	O	D	J	H	M
U	E	R	J	H	I	M	I	B	D	M	G	E	U	G
M	O	O	Z	L	V	N	H	E	A	C	L	F	O	S
E	S	Ñ	T	U	G	J	D	N	K	B	I	R	Y	P
M	U	T	U	E	V	L	O	C	O	S	E	R	N	Z
A	D	C	R	P	E	V	O	W	T	M	R	Z	E	B
L	V	N	N	D	O	F	Q	W	U	W	P	Ñ	K	X
M	N	P	A	U	C	Ñ	A	H	D	B	Q	J	P	O
H	I	M	O	H	C	D	K	O	D	E	D	N	H	D
E	E	O	Z	Z	M	S	U	R	E	M	U	H	E	O
Y	N	F	O	R	E	A	R	M	Q	H	S	W	R	C
R	P	A	E	Y	O	Z	A	R	B	E	T	N	A	G
C	E	P	I	T	R	E	G	N	I	F	P	A	T	K
W	N	U	K	L	Y	A	Ñ	U	K	Q	X	K	D	K
M	T	P	E	I	P	L	E	D	O	D	E	D	B	G

N° 11

Z	I	R	O	N	A	M	E	D	A	M	L	A	P	D
B	Q	S	D	X	A	L	A	H	P	K	R	O	N	J
R	E	R	E	D	L	U	O	H	S	I	B	U	L	L
E	C	A	P	W	Ñ	I	T	C	N	J	D	M	R	I
G	I	R	A	D	I	U	S	G	O	I	L	I	E	S
N	D	I	V	X	Z	T	F	I	L	A	N	D	G	I
I	N	L	U	X	A	I	D	L	P	G	O	D	N	K
F	I	G	H	D	N	E	O	Q	D	E	R	L	I	C
E	D	H	U	C	G	M	R	E	W	H	N	B	E	F	W
L	X	H	E	O	A	F	T	U	V	R	M	F	X	A
T	R	R	D	D	B	P	I	Ñ	Q	S	O	I	E	P
T	X	E	I	N	F	R	L	A	X	I	H	N	D	F
I	D	O	A	N	U	L	A	R	V	C	Ñ	G	N	R
L	Q	M	R	E	G	N	A	L	A	F	E	E	I	Z
H	O	M	H	E	L	K	C	U	N	K	I	R	M	Q

N° 12

D	H	U	F	U	D	K	F	R	S	W	M	S	P	X
Q	I	L	D	U	L	N	A	T	K	Z	H	V	I	I
B	N	M	W	I	V	Q	I	Z	D	R	A	E	B	Z
R	Z	Q	A	T	M	A	O	R	B	E	R	E	C	F
A	R	Y	M	P	I	P	U	A	C	E	Ñ	U	M	M
I	C	P	Z	H	Q	S	L	S	D	Y	G	D	Q	E
N	X	O	T	C	H	E	S	E	U	N	I	H	C	N
A	E	N	L	R	U	P	O	G	K	D	C	O	U	T
L	R	A	F	M	O	B	J	L	B	E	K	Q	C	O
L	A	B	S	M	I	D	I	P	E	M	E	I	F	N
I	G	R	Y	G	W	L	S	T	M	U	U	H	R	Y
J	L	A	O	B	N	C	L	K	O	Q	Y	H	C	W
E	U	B	Z	N	Q	B	U	O	E	F	U	O	T	L
M	P	W	R	I	S	T	K	X	T	X	Y	O	H	S
U	H	T	H	T	O	O	T	E	N	I	N	A	C	K

Nº 13

Nº 14

Nº 15

Nº 16

Nº 17

Nº 18

Nº 19

Nº 20

Nº 21 Nº 22

Nº 23 Nº 24

Nº 25

Nº 26

Nº 27

Nº 28

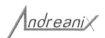

Nº 37

Nº 38

Nº 39

Nº 40

Nº 41

Nº 42

Nº 43

Nº 44

N° 45

N° 46

N° 47

N° 48

N° 49

N° 50

N° 51

N° 52

Nº 53

Nº 54

Nº 55

Nº 56

N° 57

N° 58

N° 59

N° 60

N° 61

N° 62

N° 63

N° 64

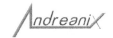

N° 65

```
S Z P I W T H J T J X Ñ Z N L
G E B R Y G U O Z L I M G X Ñ
V M C B E G R Ñ A X N T W F O
K Y J O S P R T T A U W H I S
H Z U U V C I O M O N I I E J
T Z P R Z A C R N I D S R D G
O B I R H L A B O F A T L C E
R F U Z U I N E E L C E W U F
N L F Y R D E L U O I R I X P
A X R V A O O L L O O V N P G
D T R D C Z M I C D N R D B R
O F Z W A R M N I E O X T R D
R I O L N U W O O R C U S Z R
I I C N E W B O S D A M P N Y
F O H U M E D O E F P P Y G A
```

N° 66

```
A H S L E E T G T O Z E T Ñ R
D L O P A L C R E D N U H T A
I J Y H E A T W A V E B I C F
T I A X O R C O G D W I U O A
E D T C Y L A O N Z J T S L G
R O N H U Z A Y L E Z O D D A
R Ñ L I V A G D O B U Ñ B S D
E T S A W T N C E C R R E N E
D Y O L D F N I H C T U T A V
E W L C U E O W E O A B M P I
V S X G I S F T X V L L Ñ A E
E D C U O L H R S V E A O B N
I Z I C A F O Z I U E K D R T
N I U U V M G Z Z O G T D O O
G N I N T H G I L F O T L O B
```

N° 67

```
V D U O L R S L B V X A U N X
M B R O N C E T W Z N I Z N P
W H R O Q F N G I D Z Z D D M
G P C O L F E O R H D N I F X
T G Y D N M K E D N O M A I D
N I T O W Z A N F X R F M H D
J B T F O N E D Y I F U A P S
R U B Y I D O P V A Y V N Y W
H R J X L O P S A K W S T W Z
V D F S R E V L I S T G E F O
H T J S P L A T A P M G I C K
N L D V G F F L T I F T Z P I
I M U N I T A L P R P C A O N
C P L A T I N O F T V H R S V
I B A W W H H L I G G O L D S
```

N° 68

```
D E C E M B E R I T O W Y X S
I L M S O J P S R S C E N U J
C M A R C H E R B U T C O G U
I H R K T U O E R G O N G W N
E F Z T V A Y A M U B M A E I
M N O A N L A B E A E T N R O
B H V L I V M H T G R H D B K
R L I R P A O W Z O E E R M E
E J B M J Z O O P S Q O E E W
A A G D U R P O B T E I A I Y
O N O V E M B E R O A L N T O
D T E R B M E I V O N U I P R
F E B R U A R Y Y L U J X E E
P E A I I R E B M E T P E S N
F Z V I D W P Y R A U N A J E
```

Nº 69

Nº 70

Nº 71

Nº 72

Nº 73

Nº 74

Nº 75

Nº 76

N° 77

N° 78

N° 79

N° 80

Nº 81

Nº 82

Nº 83

Nº 84

Nº 85

Nº 86

Nº 87

Nº 88

N° 93

A	L	B	E	R	G	U	E	J	U	V	E	N	I	L
O	T	N	E	I	M	A	N	O	I	C	A	T	S	E
E	L	B	O	D	N	O	I	C	A	T	I	B	A	H
I	B	L	Y	O	U	T	H	H	O	S	T	E	L	M
N	R	R	G	N	E	P	K	Q	X	E	R	S	S	O
O	Z	A	O	N	O	E	T	H	Q	V	Q	M	U	U
I	P	H	E	N	I	I	U	Y	U	C	L	Y	N	R
C	N	A	N	S	C	B	T	T	X	L	N	G	L	E
A	L	E	R	H	C	E	M	A	Z	T	Y	P	O	L
V	Z	S	I	K	M	A	A	I	V	T	W	J	T	B
R	V	K	P	N	I	D	L	D	L	R	O	U	I	U
E	O	F	F	F	J	N	R	A	O	C	E	B	O	O
S	A	R	J	B	W	W	G	T	R	R	O	S	N	D
E	T	S	I	L	G	N	I	T	I	A	W	G	E	K
R	L	I	S	T	A	D	E	E	S	P	E	R	A	R

N° 94

S	X	H	I	T	L	O	S	E	D	S	A	F	A	C
S	S	P	U	Q	A	C	N	O	I	T	A	C	A	V
N	I	T	Q	B	D	O	O	S	G	M	J	F	J	Q
U	N	L	S	J	I	N	Q	U	T	E	L	A	T	S
G	G	A	E	M	E	F	Y	Z	Q	I	G	R	E	Q
N	L	S	E	B	D	I	X	N	G	F	O	S	C	T
I	E	E	D	S	E	R	K	H	L	S	S	R	N	R
P	T	N	N	N	J	M	T	D	E	A	X	A	I	E
M	I	O	O	I	A	S	N	R	L	R	O	M	P	C
A	C	I	I	P	I	U	I	G	G	L	M	R	M	A
C	K	C	C	M	V	K	N	G	E	P	G	I	A	K
E	E	A	A	A	S	U	K	U	G	D	Z	F	C	C
D	T	C	T	C	S	N	V	S	E	K	P	N	O	A
R	M	A	S	G	P	A	Q	U	E	T	E	O	C	P
I	Z	V	E	F	P	E	C	N	F	H	J	C	E	D

N° 95

W	J	B	E	R	E	N	J	E	N	A	N	X	X	X
M	K	E	E	L	T	N	I	L	L	O	B	E	C	R
C	O	L	I	F	L	O	R	M	E	W	D	U	N
O	A	L	L	O	B	E	C	G	N	E	E	Z	C	R
U	O	B	E	R	E	N	G	F	K	E	I	A	U	E
R	T	M	G	O	N	P	W	P	R	Z	I	A	M	W
G	I	E	L	J	L	S	Q	C	O	R	N	B	B	O
E	L	T	L	A	N	D	R	E	A	N	I	X	E	L
T	L	Z	N	O	B	C	L	O	N	I	O	N	R	F
T	A	T	L	A	I	E	N	O	A	A	R	K	L	I
E	P	X	A	L	P	Y	N	I	R	G	X	H	X	L
L	A	C	R	O	P	I	G	A	H	R	F	R	Y	U
E	Z	A	Y	B	P	F	O	P	G	P	E	L	E	A
T	G	C	H	E	R	S	E	V	I	H	C	U	Y	C
W	G	G	P	R	C	E	L	E	R	Y	G	V	P	U

N° 96

J	O	A	S	U	G	A	R	A	P	S	A	X	T	O
M	C	Q	B	O	A	H	C	A	L	O	M	E	R	G
I	K	A	O	E	N	I	G	R	E	B	U	A	Q	A
L	N	F	R	I	J	O	L	E	S	G	G	Q	Z	R
O	Y	E	B	R	O	C	C	O	L	I	Y	D	T	R
C	A	U	E	R	O	Q	H	B	B	L	U	F	C	A
O	I	U	E	U	G	T	B	C	Z	A	A	D	G	P
R	R	E	T	A	N	D	R	E	A	N	I	X	B	S
B	O	C	R	A	T	F	C	T	E	M	R	H	C	E
B	H	A	O	U	W	A	T	J	A	E	C	I	A	D
Z	A	B	O	G	B	I	N	T	P	Y	B	O	B	T
C	N	S	T	B	X	E	O	O	F	E	L	A	B	S
J	A	F	A	I	R	L	L	S	A	O	A	O	A	S
B	Z	G	B	E	O	L	Y	N	C	C	M	H	G	B
C	E	P	B	K	O	H	S	Y	Z	I	J	M	E	J

N° 97

N° 98

N° 99

N° 100

Made in the USA
Middletown, DE
07 June 2022